5|7

SABORES DE AMÉRICA

Ana María Pavez y Constanza Recart

Ilustraciones de Isabel Hojas

Todas las recetas deben ser supervisadas por adultos, en especial cuando aparezca este signo: ‼

editorial amanuta
COLECCIÓN ÑANDÚ

CHILE / AJÍ

El chile o ají es una planta del género *Capsicum*, cuyo fruto es comestible. Es originario de América y se encuentra en gran diversidad de formas, tamaños, colores y niveles de picor. A los nativos de América les gustaba tanto su sabor que lo usaban en muchas de sus comidas. Era tan deseado que era toda una penitencia privarse del chile para condimentar las comidas.

Colón nos confundió

A cualquiera le puede pasar. Cristóbal Colón llamó al ají "pimiento de las indias". Bueno, hay que pensar que los europeos nunca habían visto un ají. Pero debido a esta confusión en Europa se conoce al chile como pimiento, pimentón, pepper, peperoni.

Pebre

Tiempo de preparación: 30 minutos

Ingredientes:

2 ajíes, 1 tomate, ½ taza de cilantro, 4 cebollines, 1 cucharada de vinagre, 2 cucharadas de aceite, sal y pimienta a gusto.

Preparación:

1. *Picar el cilantro, los cebollines, el tomate y los ajíes sin pepas, y poner en un bol.*

2. *Agregar pimienta, sal, aceite y vinagre.*

El pebre se come con pan o sopaipillas, y como acompañamiento de otros platos como ensaladas.

LA PALABRA CHILE viene de la lengua náhuatl *chili*.

LA PALABRA AJÍ viene de la lengua taíno.

CUIDADO ¡que pica!

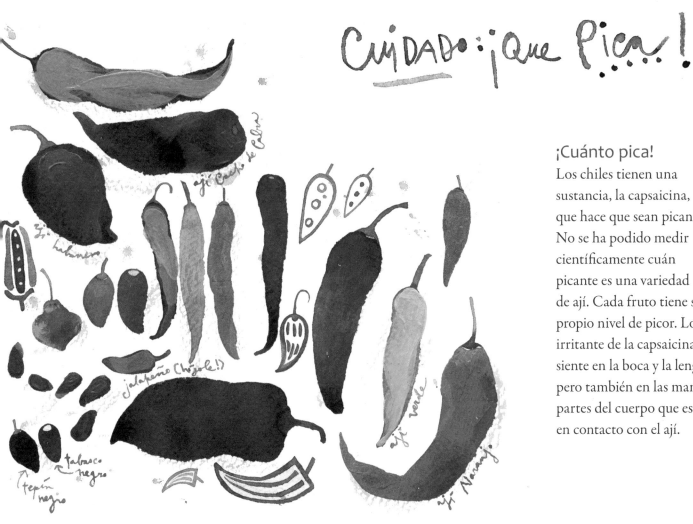

¡Cuánto pica!

Los chiles tienen una sustancia, la capsaicina, que hace que sean picantes. No se ha podido medir científicamente cuán picante es una variedad de ají. Cada fruto tiene su propio nivel de picor. Lo irritante de la capsaicina se siente en la boca y la lengua, pero también en las manos y partes del cuerpo que estén en contacto con el ají.

Remedios picantes

Los antiguos habitantes de México usaron el chile para preparar distintos ungüentos y remedios. Aquí te contamos algunas de sus recetas: para mejorar la tos tomaban infusiones calientes de ají; para los oídos infectados preparaban gotitas de chile; para las heridas de la lengua aplicaban una mezcla de ají con sal; y, para el dolor de las caries también lo utilizaban como calmante.

Un chile como arma

¿Alguna vez imaginaste que un ají podría servir como arma? Los aztecas sí lo pensaron. Eran tan ingeniosos que usaron el chile como herramienta de defensa. Quemaban el ají y con el humo ahogaban a sus enemigos. También lo usaban como castigo para los niños, a quienes les hacían inhalar el humo de las fogatas de chiles.

CHOCOLATE

El cacao *(Theobroma cacao)* es un árbol cuyo fruto contiene una pulpa blanca en la que se pueden encontrar hasta 60 semillas. El árbol de cacao florece y da frutos en el tronco. Se le llama cacao a la planta y a todos sus productos antes que sean procesados. El resultado de las semillas de cacao procesadas es el chocolate, y éste puede tener forma líquida o sólida. Los olmecas fueron los primeros en cultivar el cacao, hace unos 3.000 años, en el golfo de México. Durante siglos, el chocolate se consumió principalmente como bebida.

Chocolate de maní

Tiempo de preparación: 30 minutos
(más 4 horas de refrigeración)

Ingredientes:

300 grs. de chocolate en barra, 100 grs. de galletas,
1 taza de maní pelado, ½ taza de quinoa inflada
o arroz inflado.

Preparación:

1. *Picar en pedazos chicos las galletas, poniéndolas en una bolsa plástica y pasando el uslero sobre ellas.*

‼ 2. *Derretir el chocolate en una olla a baño maría. Pide a un adulto que te ayude.*

3. *Juntar las galletas, el maní, la quinoa o el arroz inflado en un bol. Mezclar con el chocolate derretido.*

4. *Poner un papel plástico en una bandeja y verter la mezcla.*

5. *Meter la bandeja al refrigerador por unas 4 horas hasta que la mezcla esté firme.*

6. *Cortar en pedazos y servir.*

LA PALABRA CACAO viene de los olmecas, quienes transmitieron el nombre y la sustancia a los mayas, y luego a los aztecas.
LA PALABRA CHOCOLATE se cree que viene del *cacaotl,* en lengua náhuatl, que significa agua de cacao. También puede venir del náhuatl *xoco,* que significa agrio y *atl,* que significa agua.

pero...
CREANME
si YO No
me los
Comí todos...

Chocolate: bebida de la realeza

Los mayas crearon una bebida amarga, hecha en base a semillas de cacao, destinada exclusivamente a reyes y miembros de la realeza. Bebían ese chocolate líquido en vasos elegantemente pintados.

Es posible que Colón fuera el primer europeo en descubrir las semillas de cacao. Pero fue Hernán Cortés, conquistador de México, el que probó la bebida llamada chocolate, que consistía en cacao tostado, agua, harina de maíz y ají. No sabemos si le gustó. Al parecer fueron unos nobles mayas los primeros en llevar el chocolate a Europa, en 1544, junto con otros productos exóticos, como plumas de quetzal, ajíes y maíz.

Chocolate para el mundo

En Europa, la mezcla de cacao molido, agua y especies fue considerada alimento para los cerdos. Pero, poco a poco, se fueron dando cuenta que al mezclar el chocolate con miel o azúcar se creaba una bebida deliciosa. Así, tomar chocolate pronto se convirtió en un signo de elegancia y distinción. Aunque en el siglo XVI, en México y Guatemala, ya se fabricaban barritas de chocolate sólido, recién en el siglo XIX se hicieron las primeras barritas de chocolate comerciales. Y, desde entonces, el mundo entero no para de comer chocolate.

Monedas de chocolate

Los aztecas no solo bebían chocolate, al igual que los mayas, sino que también usaban las semillas de cacao como monedas para comprar cosas. Por ejemplo, un conejo costaba 30 semillas de cacao, mientras que un aguacate equivalía a 3 semillas de cacao. Además, falsificaban las monedas rellenando las semillas con tierra. Imagínate que te dieran monedas de chocolate para ir a comprar: ¿te las comerías?

MANÍ / CACAHUATE

El maní o cacahuate *(Arachis hypogaea)* es una planta de 30 a 50 centímetros de altura, que da flores y frutos con semillas comestibles. Apenas nace un nuevo fruto, su tallo crece tanto que por el peso termina llegando al suelo. Se hunde en él y es por eso que la vaina que contiene los maníes termina creciendo bajo la tierra. Este fruto es originario de América del Sur, de las tierras bajas de Bolivia, donde era cultivado desde hace más de 5.000 años.

Tallarines al maní
Tiempo de preparación: 45 minutos

Ingredientes:
1 paquete de tallarines, 1 cucharada de aceite, 1 caja chica de crema, 1 cucharada de mantequilla, 1 sobre de queso rallado, 100 grs. de maní picado y sal a gusto.

Preparación:

‼ 1. *Poner la olla en el fuego con abundante agua, el aceite y la sal.*

‼ 2. *Cuando el agua hierva, introducir los tallarines y cocinar durante 10 minutos.*

‼ 3. *Colocar el colador en el lavaplatos, y vaciar los tallarines (con mucho cuidado y usando dos toma ollas). Pide a un adulto que te ayude.*

4. *Devolver los tallarines a la olla y agregar la mantequilla, la crema y el maní picado.*

5. *Revolver todo muy bien.*

6. *Servir con queso rallado.*

mani

mani

¡mma delicia!

¡mmm!

LA PALABRA MANÍ se usa para la planta, para el fruto y para la semilla, en la mayoría de los países hispanos. Podría ser de origen taíno o del idioma guaraní, donde se le denomina *manduví*.
LA PALABRA CACAHUATE viene del náhuatl *tlalcacahuatl*, compuesta por *tlalli* –tierra, suelo– y *cacahuatl* –granos de cacao–, que significa "cacao de la tierra".

De vuelta a América

Cuando los europeos llegaron a América, el maní se extendía por muchas áreas, pero no se consumía de manera popular. Ellos llevaron las semillas a Europa; sin embargo, las condiciones climáticas impidieron un buen cultivo. Tiempo después, los mercaderes y exploradores lo llevaron a África y Asia, donde el clima era más favorable para su producción. Luego, fueron los esclavos africanos, que llegaron en la época colonial, quienes trajeron el maní y finalmente lo popularizaron en América como alimento.

Mazapán de maní

Los europeos utilizaron el maní como sustituto de las almendras para preparar mazapanes y dulces. El cacahuate se podía tostar, moler y mezclar con azúcar, miel y clara de huevo.

Señor de Sipán

En el norte de Perú se descubrió la tumba más rica que se haya encontrado en América. Esta tumba perteneció a un señor moche que fue enterrado con espectaculares adornos y accesorios de oro, plata y otros metales preciosos. Uno de estos adornos es un collar de oro con cuentas con forma de maní.

VAINILLA

La vainilla *(Vanilla planifolia)* es una orquídea americana que produce un fruto del que se obtiene un saborizante del mismo nombre. La vainilla proviene de la región de Veracruz, en México. Hay más de 100 clases de vainilla, pero solo se cultivan tres. Actualmente la vainilla se utiliza para aromatizar los alimentos, especialmente postres y bebidas, aunque también se usa en perfumes.

Galletas de vainilla
Tiempo de preparación: 45 minutos

Ingredientes:
100 grs. de mantequilla, 1 yema de huevo, 3 cucharadas de leche, 1 ¾ taza de harina, ½ cucharadita de polvos de hornear, ½ taza de azúcar flor, 2 cucharaditas de vainilla.

Preparación:

‼ 1. *Precalentar el horno a 200ºC.*

2. *Batir bien la mantequilla, el azúcar y la yema. Agregar el resto de los ingredientes y mezclar bien.*

3. *Trabajar la masa y uslerear sobre una superficie con harina, hasta dejar la masa con un grosor de 5 milímetros.*

4. *Cortar galletas con moldes y poner en una lata enmantequillada.*

‼ 5. *Poner al horno entre 10 a 15 minutos hasta que las galletas se doren. Sacar y dejar enfriar.*

Flor Negra

Los aztecas utilizaban la vainilla para proporcionarle aroma al chocolate. La conseguían del comercio con las regiones vecinas, y la llamaban "flor negra". Se dice que los aztecas se confundieron entre la flor y la vaina ya curada, que es negra. Pero con lo bien que conocían las plantas, es poco probable.

La vainilla en Europa

Los intentos de reproducir la vainilla en Europa fueron un fracaso. Así, durante más de dos siglos, toda la vainilla que se consumió provino de México. No se supo hasta el siglo XIX que las abejas y colibríes de México eran fundamentales para la polinización. En 1841, un joven esclavo francés creó una forma de polinización artificial que se usa hasta el día de hoy. Actualmente, es posible encontrar en el mercado vainilla natural y artificial o una mezcla de las dos.

Fecundación

La fecundación de la vainilla debe ser realizada de flor a flor. El procedimiento usado hoy en día es el mismo descubierto por el esclavo francés en 1841. Se realiza temprano por la mañana, porque las flores tienen una vida de apenas algunas horas.

Planta misteriosa

Los españoles llevaron la vainilla a Europa, junto con el chocolate. Los secretos que se utilizaban para sacarle los diferentes aromas, junto con los cuidados especiales para su cultivo durante los siglos XVII y XVIII, convirtieron a la vainilla en una planta misteriosa. Fueron los propios pasteleros españoles los que comenzaron a emplearla en helados, dulces, cremas o natillas, gracias a su gran poder aromatizador.

LA PALABRA VAINILLA viene del diminutivo español de vainas (judías verdes o chauchas).
Este fue el nombre que le pusieron los conquistadores españoles por el parecido entre la vainilla y las vainas.

FRUTILLA

Las frutillas o fresas son frutos comestibles, dulces y aromáticos, de color rojo, que provienen de diferentes especies de plantas, que no crecen en altura sino que se arrastran por el suelo. En Europa, desde el siglo XIV, se cultivaba una fresa de frutos pequeños. Sin embargo, la frutilla o fresa que se come hoy en día *(Fragaria ananassa)* es una mezcla entre una frutilla de Estados Unidos y una frutilla de Chile. Éstas son originarias de América.

De silvestres a reales

En 1712, Francois Freizer, un ingeniero y espía francés, hizo un viaje a América del Sur. Al pasar por la ciudad de Concepción, en Chile, se llevó varias plantas de un tipo de frutilla silvestre *(Fragaria chiloensis)* a Europa. El viaje de Freizer duró seis meses y solo llegó con cinco plantas de frutilla. Una de estas plantas se la regaló al rey de Francia para que la cultivara en su jardín.

La frutilla chilena en Europa

Las plantas de frutillas chilenas llevadas a Europa no dieron frutos. Los botánicos explicaron que todas estas plantas eran hembras, y necesitaban el polen de otras frutillas para poder ser polinizadas. Poco a poco se fueron cruzando con otras frutillas europeas y así se propagaron.

Batido y helado de frutilla
Tiempo de preparación: 15 minutos
(opcional: 2 horas en el congelador)

Ingredientes:
2 tazas de frutillas, 2 yogures, 1 taza de leche, 2 cucharadas de azúcar o 2 cucharadas de miel, jugo de ½ limón.

Preparación:

1. *Lavar bien las frutillas y cortar. Vaciarlas en la juguera junto con todos los otros ingredientes.*

‼ 2. *Batir todo en la juguera hasta que se mezcle bien. Pídele a un adulto que te ayude.*

3. *Servir en vasos y decorar con una frutilla en el borde del vaso.*

Si se quiere, se puede verter la mezcla en moldes de helado, poner al congelador por 2 horas y luego servir como helado.

LA PALABRA FRUTILLA viene del diminutivo de *fructus*, fruta en latín.
LA PALABRA FRESA viene del latín *fraga*, por su exquisito olor o fragancia.

PALTA / AGUACATE

El palto o aguacate *(Persea americana)* es un árbol originario de América. Su fruto se conoce como palta o aguacate. Se comía desde hace más de 9.000 años en México. Este fruto, de colores que van del verde al negro, existía en muchas partes de América cuando llegaron los españoles. Ellos lo bautizaron con el nombre de "pera de las Indias", dada su semejanza externa con las peras españolas.

Guacamole suave

Tiempo de preparación: 20 minutos

Ingredientes:
2 paltas o aguacates maduros, 1 tomate, 1 limón,
1 cebolla picada y amortiguada (ver página 26),
1 cucharada de cilantro, sal a gusto.

Preparación:

1. *Pelar y partir el tomate, la cebolla y la palta en cuadrados pequeños y ponerlos en un recipiente. También puede usarse la palta molida.*

2. *Añadir la sal y el cilantro, y mezclar bien.*

3. *Servir inmediatamente, de lo contrario bañar el guacamole con jugo de limón para evitar que la palta se ponga negra.*

Se puede comer con pan, papas fritas o tortillas.

Receta precolombina

El guacamole *(ahua camolli)* es una de las formas en que se comía el aguacate en América. Esta salsa se preparaba con aguacate batido, con o sin tomate picado y cebolla americana. Se comía envuelto en una tortilla de maíz.

Dulce o salado

Los españoles que probaron el aguacate lo comían de varias formas: algunos con sal y otros con azúcar. Incluso había quienes lo comían de las dos formas. También hubo quienes lo comieron como postre, por su forma parecida a las peras. ¿Has probado la palta con azúcar?

Este Padrísimo, mano!

LA PALABRA PALTA viene de la lengua quechua.
LA PALABRA AGUACATE viene del náhuatl *ahuácatl,* que significa testículo.

MAÍZ

El maíz *(Zea mays)* es una planta que produce mazorcas con granos comestibles, gruesos y amarillos. A la mazorca tierna de maíz se le llama choclo o elote. El maíz es originario de América, se cultivó hace más de 7.000 años y fue la base de la alimentación de los pueblos mesoamericanos y andinos. Lo más probable es que Colón, al regreso de su primer viaje de América, llevara el maíz a Europa, ya que hay registros que dan cuenta que en 1498 ya era cultivado en España.

Ensalada de Choclo

Tiempo de preparación: 20 minutos

Ingredientes:

1 bolsa de choclo congelado o 4 choclos frescos, 4 tomates, 3 cucharadas de mayonesa, sal a gusto.

Preparación:

‼ 1. *Calentar el choclo congelado por 5 minutos o cocer los choclos frescos en una olla con agua durante 10 minutos. Una vez cocidos, desgranarlos.*

2. *Lavar, pelar y picar los tomates en cubos.*

3. *Poner el choclo y el tomate en una fuente. Agregar mayonesa, sal, y mezclar todo.*

Maíces de colores

Existen al menos 50 tipos diferentes de maíz. Hay mazorcas moradas, amarillas, rojas, negras y de otros colores. De éstos, casi la mitad se cultiva en Perú.

DEL·CULTIVO·DEL·MAÍZ

Desde humitas hasta palomitas de maíz

Cuando comes palomitas de maíz, tortillas o humitas, estás comiendo lo mismo que hace miles de años comían los habitantes de Mesoamérica y de la región andina. En Mesoamérica, el maíz se molía en unas piedras planas, llamadas metate, sobre las cuales se aplastaban los granos con otra piedra para hacer harina. Con esta harina se hacían tortillas, tamales y muchas otras comidas.

Los andinos consumían el maíz de muchas formas: cocido en agua le llamaban *muti*, ahora se le llama mote; tostado le llamaban *camcha*, ahora se le denomina cancha; al maíz molido y envuelto en sus propias hojas le llamaban humita, tal como en nuestros días; a la bebida realizada con maíz fermentado le llamaban chicha; y, por último, comían las tradicionales palomitas de maíz, que lograban tostando el maíz desgranado hasta reventarlo.

Cultivo de maíz

Los inkas ordenaron a todos los integrantes del Imperio que debían plantar mucho maíz, papa, quinoa y otros alimentos. También los instruyeron para que no se desperdiciara maíz u otras comidas.

Primeras impresiones

En noviembre de 1492, dos mensajeros de Colón, al regresar a España de una exploración a Cuba, dijeron haber visto "una clase de grano que llaman maíz, de buen sabor, cocinado, seco y en harina". "Sabe muy bien" fue lo que dijo Colón la primera vez que comió maíz.

Cómo comían maíz

Los indígenas americanos comían el maíz procesado. Empapaban los granos maduros y los hervían con cal o cenizas de madera. Lo acompañaban de frijoles. Ambas cosas agregaban un valor nutricional. Pero, en Europa, el maíz fue comido sin procesar y sin ser acompañado de proteínas, como carne, por ejemplo. Por esta falta de proteínas se enfermaron de pelagra o piel áspera.

LA PALABRA MAÍZ viene de *Ma-Hiz,* vocablo taíno. En el antiguo Perú, donde se hablaba quechua, se conocía con el nombre de *Sara*. Choclo viene del quechua *choccllo*, elote viene del náhuatl *elotl*.

GIRASOL

El girasol *(Helianthus annum)* es una planta originaria de América, que gira según la posición del sol. Era cultivado desde hace 5.000 años en el norte de México y oeste de Estados Unidos, por tribus indígenas. Le daban uso medicinal, ceremonial y comestible.

Aliño de girasol

Tiempo de preparación: 15 minutos

Ingredientes:

1 lechuga lavada, 2 cucharadas de semillas de girasol, 2 cucharadas de mostaza, 3 cucharadas de aceite, 2 cucharadas de miel, sal a gusto.

Preparación:

1. *En un bol pequeño mezclar la mostaza, el aceite, la miel y la sal.*

2. *Poner la lechuga en una ensaladera y agregar el aliño. Luego, agregar las semillas de girasol.*

De los pájaros al aceite

El girasol fue llevado a Europa como planta ornamental. Fue en Rusia, durante el siglo XVIII, que comenzó el interés por la semilla, ya que servía de alimento para pájaros. También, procesada, la semilla servía como aceite para la cocina. Desde entonces se fabrica aceite de girasol en todo el mundo.

Aceites y tinturas

Algunos pueblos usaban el aceite de girasol para peinarse los días de ceremonia. Otros usaron sus pigmentos como tintura.

Usos del girasol

Hay varios tipos de girasoles: unos que sirven para hacer aceite, otros se usan para confitería y otros para decorar. Las semillas de girasol también se pueden comer, ya sea dulces o saladas, y después de haber sido levemente tostadas. Son saludables porque tienen altas cantidades de vitamina E y minerales.

LA PALABRA GIRASOL significa "flor que gira con el sol".

14

CHIRIMOYA

La chirimoya o chirimoyo *(Annona cherimola)* es un árbol frutal originario de América, posiblemente de los valles de Perú y Ecuador. Su fruto tiene una cáscara delgadísima y frágil. Su superficie es verde oscura, casi lisa. El interior de la fruta, de color blanco, posee una textura carnosa, blanda y de sabor dulce, a veces descrito como una mezcla entre la piña, el mango y la frutilla.

Chirimoya alegre
Tiempo de preparación: 30 minutos

Ingredientes:
3 chirimoyas, 1 taza de jugo de naranja.

Preparación:

1. *Pelar las chirimoyas, cortarlas en trozos y sacarles las pepas. Ponerlas en una fuente.*

2. *Verter el jugo de naranja sobre las chirimoyas.*

3. *Dejar enfriar en el refrigerador y servir.*

Manjar blanco
Los españoles dijeron que la chirimoya podía tener el tamaño de la cabeza de un muchacho y que era la mejor fruta de las que provenían de América. Los españoles la denominaron "manjar blanco".

Ya se conocía en Perú
El sacerdote español Bernabé Cobo vio la chirimoya por primera vez en México, en el siglo XVII. Al probarla, sintió tanto placer que consideró una tristeza que el entonces Reino del Perú no tuviera esta delicia. Como regalo a sus amigos del sur ofreció algunas semillas para que las sembraran en el Perú. Sin embargo, el jesuita desconocía que esta fruta se cultivaba en ese país desde hace más de 2.000 años. Entre el año 0 y el 700 d.C., los moches, en el norte de Perú, fabricaron vasijas con forma e imágenes de chirimoyas.

LA PALABRA CHIRIMOYA proviene del quechua *chirimuya*, que significa "semillas frías", ya que germina a elevadas altitudes. También podría venir de *moyu*, que significa seno y, por lo tanto, en la lengua quechua chirimoya sería "seno frío" o "seno frío de mujer".

CALABAZA / ZAPALLO

En América se cultivaron cinco especies del género *Cucurbita*, plantas alimenticias cuyos frutos se conocen como calabaza o zapallo. Son muchas sus variedades: el zapallo gigante, los zapallitos italianos o zuchinnis, el calabacín, la calabaza de cuello torcido, la alcayota, entre otros. No todas las calabazas son comestibles. Los americanos se comían las flores, las frutas, las pepitas y las guías. Las calabazas comenzaron a cultivarse en México hace unos 8.000 a 10.000 años.

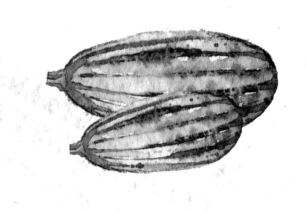

Queque de zapallitos italianos

Tiempo de preparación: 1 hora 30 minutos

Ingredientes:

1 ½ taza de harina, 1 taza de azúcar, 1 cucharadita de canela, ½ cucharadita de bicarbonato, ¼ cucharadita de polvos de hornear, 1 pizca de sal, 1 pizca de nuez moscada, 1 taza de zapallitos italianos sin pelar y rallados gruesos, ¼ taza de aceite, 1 huevo, 1 cucharadita de ralladura de limón, ½ taza de nueces picadas.

Preparación:

‼ 1. *Precalentar el horno.*

2. *En un bol unir la harina, azúcar, canela, bicarbonato, polvos de hornear, nuez moscada y sal.*

3. *En otro bol mezclar los zapallitos italianos, aceite, huevo y ralladura de limón.*

4. *Juntar las dos mezclas y revolver. Agregar las nueces y verter en un molde enmantequillado.*

‼ 5. *Hornear por 50 a 60 minutos a temperatura media alta. Al enterrar un palito debe salir seco. Dejar enfriar.*

También pueden usarse moldes de queque individuales y hornear por 25 minutos.

 LA PALABRA ZAPALLO *viene del quechua* sapallu.

Ataque aéreo con calabazas

Cuando los indígenas atacaron el fuerte que Colón construyó en la isla de Santo Domingo, lanzaron calabazas llenas de cenizas de madera y chiles molidos.

Calabazas por almendras

Los antiguos americanos usaban las semillas de calabaza de distintas formas y en una gran variedad de platos. Los españoles también usaron las semillas de calabaza para preparar dulces y mazapanes. Pero les advertían a los compradores que se trataba de un sustituto barato de las almendras.

Frutos gigantes

Las calabazas gigantes son los frutos más grandes del mundo. Existen concursos mundiales para encontrar las calabazas más grandes; en ellos han participado zapallos de más de 600 kilos. En comparación, piensa que una persona pesa en promedio apenas 70 kilos. ¿Será esta la razón por la que el hada madrina de la Cenicienta eligió una calabaza como carruaje?

Día de los muertos

La calabaza forma parte de los rituales del Día de los Muertos en varios países de América, especialmente en Estados Unidos, México y Guatemala. En Estados Unidos la calabaza se cala con forma de una calavera y se usa como lámpara. Mientras, en México, se cocina un plato llamado calabaza en tacha, que se caracteriza por ser dulce.

TOMATE / JITOMATE

El tomate *(Solanum lycopersicum)* es una planta originaria de América. Su fruto carnoso y comestible tiene tonalidades que van desde el amarillento y el verde al rojo intenso. Los indígenas americanos comían el tomate en abundancia. Los aztecas, con frecuencia, los comían mezclados con chiles para disminuirles el picor a éstos.

Ensalada de tomate

Tiempo de preparación: 20 minutos

Ingredientes:

3 tomates frescos maduros, 2 aguacates maduros, 250 grs. de queso mozzarella, quesillo o cualquier queso que se tenga en casa, varias ramas de albahaca fresca, 1 cucharada de vinagre, 3 cucharadas de aceite, sal y pimienta a gusto.

Preparación:

1. *Cortar los tomates y el queso en rodajas.*

2. *Pelar las paltas y cortar en lonjas finas.*

3. *Poner alternadamente rodajas de tomate, aguacate y queso o quesillo.*

4. *Sazonar con sal y pimienta, picar la albahaca y espolvorear sobre la ensalada.*

5. *Aliñar con aceite y vinagre.*

¿Qué sería de los italianos sin el tomate?

Los tallarines con salsa de tomate parecen ser un plato típico italiano. Pero no. La primera receta de este tipo fue publicada recién en 1837. Los españoles fueron quienes llevaron el tomate a Europa, en 1540, el cual creció con facilidad en los climas mediterráneos. Sin embargo, en un comienzo fue difícil que este fruto fuera aceptado por los europeos. Durante mucho tiempo se pensó que era venenoso y, que si se comía en exceso, podía provocar que se cayeran los dientes.

Primeros tomates

El tomate común tuvo su origen en América del Sur, donde se han encontrado semillas en tumbas peruanas con 9.000 años de antigüedad. Pero era un tomate pequeño y silvestre. Este tomate fue llevado a América Central donde se transformó en un tomate grande, que es el que comemos en la actualidad, y es llamado jitomate por los mexicanos.

Una cazuela muy original

Bernal Díaz del Castillo, cronista español, escribió que en 1538 fue apresado por unos indios en Guatemala. Se lo querían comer en una cazuela con sal, ají y tomates. ¿Será verdad?

LA PALABRA TOMATE viene del náhuatl *tomatl*.
LA PALABRA JITOMATE viene del náhuatl *xictli*, ombligo, y *tomatl*, tomate, que significa fruto con ombligo. Los antiguos mexicanos le llamaban *xitomatl* a los tomates que consumimos actualmente, grandes y rojos.

PAPA

La papa *(Solanum tuberosum)* es un tubérculo originario de América. Fue domesticada en las regiones altas, sobre los 4.000 metros, de Los Andes de Perú y Bolivia hace más de 10.000 años. Hay más de 2.500 variedades de papas que tienen diferentes colores que van desde las papas blancas, naranjas, amarillas y hasta moradas. En un solo campo, los andinos podían cultivar más de 200 variedades de papas.

Papa al horno

Tiempo de preparación: 1 hora

Ingredientes:

Papas, pueden ser de diferentes tipos o todas iguales, grandes o chicas, 2 cucharadas de aceite, sal y pimienta a gusto.

Preparación:

!! 1. *Sacar una de las bandejas del horno, ponerle papel aluminio, y prender el horno a 200ºC.*

2. *Lavar las papas y cortarlas con el cuchillo por la mitad (si las papas son muy grandes, cortar a lo largo en 4).*

!! 3. *Agregar aceite, sal y pimienta a las papas, y ponerlas sobre el aluminio.*

!! 4. *Poner al horno hasta que las papas estén doradas y tiernas. Sacar del horno y servir caliente.*

Las papas también pueden envolverse individualmente en papel aluminio para luego cocinar al horno.

Las papas también lloran

Durante el Imperio Inka había una prohibición de pelar las papas, bajo amenaza de castigo. Esto, debido a que según la creencia, las papas lloran al ser peladas.

Pisar las papas

Para conservar la papa, los antiguos andinos preparaban chuño. Dejaban las papas al exterior durante toda una noche para que se congelaran. Esto, porque en el altiplano hace mucho frío a esa hora del día. Después, al amanecer, pisaban las papas para que botaran el agua que contenían. Esto se repetía varios días, hasta que los tubérculos se convertían en harina seca y blanca.

A este polvo comestible se le llamaba chuño, y podía durar muchos años sin podrirse.

LA PALABRA PAPA viene del quechua *papa*.

Papa para no morir de hambre

En Europa, la papa se demoró muchos años en ser aceptada. No habían visto un alimento que creciera bajo tierra. Por eso, la papa fue considerada obra del demonio y, por lo tanto, la redujeron a comida para los cerdos. Poco a poco se fue haciendo popular y fue alimento para los pobres. En Irlanda toda la gente se estaba nutriendo de papa, hasta que en 1845 hubo una plaga que atacó toda la cosecha y esto causó la muerte, por hambre, de al menos un millón de personas.

¡Qué elegancia!

En el siglo XVIII, la reina María Antonieta de Francia se ponía flores de papa como adorno para el pelo.

Dos versiones sobre la travesía de la papa

El primer registro de la papa en Europa es de 1530. Hay dos hipótesis acerca de su llegada a Europa. Una dice que fue llevada desde el altiplano de Colombia a España. La otra teoría sugiere que la papa fue llevada por piratas ingleses e irlandeses desde la Isla de Chiloé, en Chile, hasta Irlanda, y de allí se expandió a toda Europa. ¿Qué crees tú?

Un alimento con muchos años

Hay registros de que hace 13.000 años atrás los habitantes de Monte Verde, un sitio arqueológico del sur de Chile, ya consumían papas silvestres.

PIÑA, TUNA Y PAPAYA

La piña o ananá *(Ananas comosus)*, la tuna *(Opuntia ficus-indica)* y la papaya *(Carica papaya)* son tres frutos originarios de América que sorprendieron a los conquistadores europeos. Eran frutos novedosos tanto en su forma y su color, pero principalmente por su exquisito sabor y fragante aroma. La piña tuvo especial éxito entre los europeos. Colón fue el primer foráneo que probó la piña, el 4 de noviembre de 1493, cuando desembarcó en la isla de Guadalupe, en su segundo viaje a América.

Tutti frutti americano

Tiempo de preparación: 30 minutos

Ingredientes:

½ piña pelada, 1 papaya tropical pelada o 6 papayas de montaña cocidas, 3 tunas, 1 chirimoya, 1 taza de frutilla, 2 cucharadas de azúcar (opcional). Si no tienes alguna de estas frutas, agrega más cantidad de otra.

Preparación:

1. *Pelar las tunas y cortar en cubos ¡Cuidado con las espinas!*

2. *Pelar la chirimoya y trozar sacándole las pepas. Juntar la tuna y la chirimoya en un bol.*

3. *Lavar y cortar las frutillas y agregarlas al bol.*

4. *Cortar la piña y las papayas en cubos. Agregarlas al bol.*

5. *Con una cuchara grande mezclar todas las frutas y agregar el azúcar (opcional).*

LA PALABRA PIÑA viene de los piñones europeos. LA PALABRA ANANÁ viene del guaraní *naná*, debido a su delicioso perfume.
LAS PALABRAS TUNA Y PAPAYA vienen del taíno.

Piña

La piña o ananá es una planta que puede llegar a crecer hasta los 70 centímetros de alto. Del centro de la planta nace un fruto dulce y aromático.

Para llevar la piña a Europa, ésta se cortaba estando aún verde. Si el viaje era bueno, y no habían contratiempos, el fruto llegaba a su destino sin podrirse. El rey español Fernando El Católico, que falleció en 1516, probó la piña y dijo que era lo más sabroso que había comido en su vida.

La fruta de la amistad

¿Alguien se hubiera imaginado que las plantas de piñas, de clima tropical, podrían dar frutos en el clima inglés? Pues así fue. Los ingleses construyeron edificios especiales y les proporcionaron calor mediante camas de estiércol y hornillas. Así, la piña se transformó en una fruta que representaba riqueza, hospitalidad y amistad.

Tuna

La tuna es un arbusto con espinas, sin hojas, que produce un fruto comestible llamado con el mismo nombre. También tiene flores de color amarillo y naranja. La tuna es originaria de México y se consume desde hace unos 9.000 años.

Los españoles que llegaron a México describieron 13 variedades de tunas. Una de ellas hacía que la orina fuera roja, lo que no les gustó mucho a los españoles. Algunas tunas eran dulces, otras agrias, otras se comían crudas y algunas cocidas. Incluso las flores de las tunas eran comestibles.

Papaya

La papaya es originaria de los bosques de México, América Central y del norte de América del Sur. Los frutos poseen una textura suave y una forma oblonga. Puede encontrarse de color verde, amarillo, naranja o rosa. Los tamaños varían, pero aunque pueden llegar a pesar hasta 9 kilos, en la mayoría de los casos no suelen superar los 500 ó 600 gramos.

Otra especie de papaya que crece en Los Andes, entre Colombia y Chile, es la que da el papayo de la montaña *(Carica pubescens)*. Esta papaya se caracteriza por ser muy dulce y aromática, de color amarillo, tamaño pequeño y forma alargada, piel delgada y muy rica en papaína. Se consume preferentemente cocida.

QUINOA

La quinoa (*Chenopodium quinoa*), un cereal rico en proteínas e hidratos de carbono, crece en Chile, Argentina, Perú, Bolivia, Colombia y Ecuador. Los pueblos andinos la cultivan desde hace unos 5.000 años. Las semillas de la quinoa pueden ser de color blancuzco, rojo, o amarillo. Las especies silvestres son negras. La quinoa contiene gran cantidad de saponinas amargas, por lo que se debe lavar varias veces antes de cocinarla.

Ensalada de quinoa

Tiempo de preparación: 1 hora 30 minutos

Ingredientes:

100 grs. o ¾ taza de quinoa, 2 cucharadas de aceite, 1 palta en cubos, 1 taza de choclo cocido, 2 tomates en cubos, 1 taza de pepino en cubos, ¼ taza de cilantro, 1 cebollín picado, jugo de 1 limón, sal a gusto.

Preparación:

1. *Lavar la quinoa en varios cambios de agua y dejarla drenar en un colador de malla fina.*

‼ 2. *Poner la quinoa en una olla al fuego, con dos tazas de agua, hasta que hierva. Luego, cocinar a fuego lento por 15 minutos hasta que se evapore el agua.*

‼ 3. *Retirar del fuego y dejar enfriar.*

4. *Agregar el jugo de limón y revolver. Luego agregar el resto de los ingredientes.*

DE·LA·RICA·QUINOA

Alimento Sagrado

Al igual que la papa, la quinoa fue uno de los principales alimentos de los pueblos andinos. Fue considerada como un alimento sagrado por los inkas, quienes la llamaban "fuente de vida" o "semilla madre". Este cereal prácticamente se dejó de consumir en la época de la colonización española por razones religiosas.

Cómo se comía la quinoa

Los andinos tostaban los granos de quinoa para hacer harina o los cocían para añadirlos a las sopas o usarlos como pastas o cereales. La quinoa fermentada servía para fabricar cerveza o chicha. La quinoa se cocinaba con papas frescas o secas y ají. Hacían un pan rústico de quinoa llamado *kispino*, también hacían pasteles y usaban las hojas de la planta en sopas.

Medicina y jabón

Los andinos también usaban la quinoa como medicina: contra las inflamaciones, para la garganta y para curar las heridas de golpes o caídas. La quinoa era además usada como jabón, ya que posee saponina, que genera espuma al batirse con agua.

Número uno de los cereales

La quinoa tiene muchas proteínas y vitaminas. Ha sido calificada como el cereal más nutritivo del mundo.

POROTO / FRIJOL

El poroto o frijol es una semilla comestible del género *Phaseolus,* originaria de América, cuya vaina tiene varias semillas en su interior. Tanto el fruto como la semilla son comestibles. Existen muchos tipos de porotos: el hallado, el tórtola, el coscorrón, el negro, el español, el pallar, entre otros.

Ensalada de porotos con cebolla

Tiempo de preparación: 25 minutos

Ingredientes:

1 ½ taza de porotos cocidos (o un tarro), 1 cebolla mediana, 1 cucharada de cilantro picado, 2 cucharadas de aceite, jugo de 1 limón grande o vinagre, sal y pimienta a gusto.

Preparación:

1. *Picar la cebolla a la pluma (rodajas delgadas). Para reducir la sensación fuerte de la cebolla, amortiguar dejándola mezclada con bastante sal durante ¼ de hora, por lo menos. Enseguida enjuagar con bastante agua fría y dejar escurrir.*

2. *Mezclar los porotos, la cebolla, el cilantro, el aceite, y el jugo de limón o el vinagre. Aliñar con sal y pimienta.*

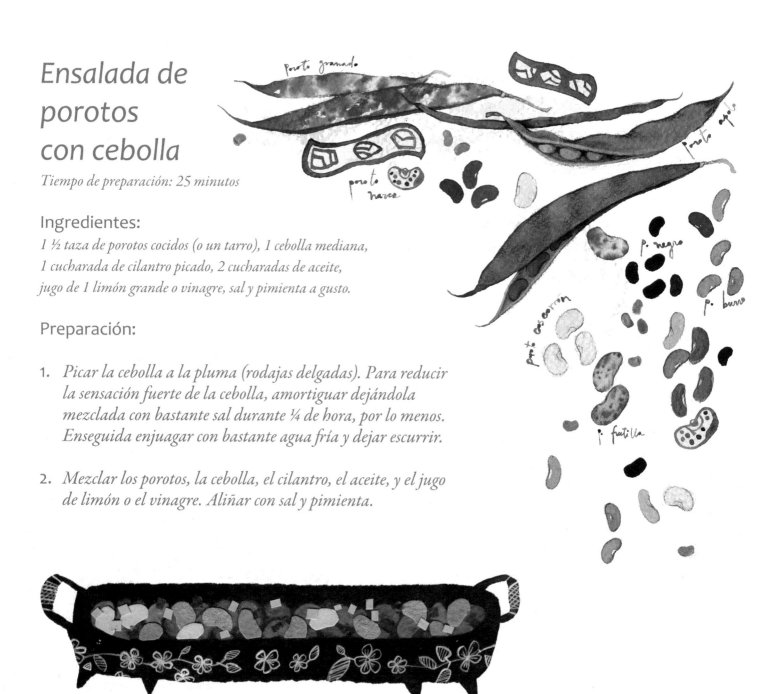

LA PALABRA POROTO viene de *purutu*, vocablo quechua. Se le llama así en Argentina, Chile, Panamá y Uruguay. En Perú, México, El Salvador, Guatemala y Honduras se le denomina frijol. LA PALABRA FRIJOL viene del leonés *fréjol*. En el Caribe y Andalucía se le llama habichuela, diminutivo de haba, que proviene del latín *faba*. En Venezuela se le llama caraota. En la mayor parte de España se le llama judía.

26

DE·LA·COSECHA·Y·GUARDA·DE·POROTOS

Más antiguo que los porotos

Los porotos empezaron a cultivarse hace más de 8.000 años en Perú y también en el sur de México. Tanto en Mesoamérica como en Los Andes, los nativos cultivaron frijoles de todas las variedades de colores, aunque en Los Andes se destacaron por cosechar semillas de colores más vivos y brillantes.

Guarda de porotos

Los inkas construyeron muchas bodegas donde guardaban todos sus alimentos: el maíz, el chile, los frijoles, la quinoa, la chicha y muchos otros. Todos estos alimentos los repartían dándole a cada uno lo necesario.

Anótate un poroto

En varios países americanos existe la expresión "ganarse los porotos", que quiere decir ganar el sustento o lo necesario para poder vivir. También se usa la expresión "te anotaste un poroto", que significa que alguien acertó o realizó de manera exitosa o creativa alguna actividad.

¡el PERRO fue!

R.i.P.

CAMOTE / BATATA

El camote *(Ipomoea batatas)* es un tubérculo que se encuentra en diferentes colores: morados, amarillos, blancos, rojos y jaspeados. En Perú se han encontrado restos de camote de más de 10.000 años de antigüedad. En el siglo XVIII, los exploradores europeos encontraron camote en la Polinesia. No se sabe si el camote lo llevaron los mismos europeos desde América o llegó mucho antes.

Camote asado

Tiempo de preparación: 30 minutos

Ingredientes:

3 camotes medianos, lavados y secos,
2 cucharadas de aceite, sal y pimienta a gusto.

Preparación:

‼ 1. *Sacar una de las bandejas del horno, ponerle papel aluminio y prender el horno a 200°C.*

2. *Con un cuchillo cortar cada camote por la mitad hacia lo largo. Luego cortar cada mitad en 3.*

3. *Poner cada trozo de camote sobre el papel aluminio y espolvorearle sal, pimienta y aceite.*

‼ 4. *Poner al horno hasta que los camotes estén dorados, unos 15 a 20 minutos. Sacar del horno y servir calientes.*

LA PALABRA CAMOTE viene del náhuatl *camotli.*
LA PALABRA BATATA es de origen taíno.

OTROS SIGNIFICADOS: En Chile se le llama "camote" a una persona cargante y fastidiosa; en México, a una persona desvergonzada; y, en Perú, se usa con el significado de querida.

Camotes para regalar

Los camotes fueron aceptados de inmediato por los europeos. "Una batata bien cuidada y bien preparada tiene la delicadeza de un mazapán" fue lo que dijo el cronista español Gonzalo Fernández de Oviedo. Los camotes fueron llevados a Europa y allí se solían regalar como obsequios importantes.

Para las picaduras y el pelo

Como alimento, el camote se consume al horno, cocido, machacado, como harina, en mermelada y otros dulces. Además, tiene muchos usos medicinales, especialmente contra las picaduras de insectos e infecciones a la piel. Otro uso común que la gente le da es como tintura para el pelo. Tiene beneficios para los más pretenciosos: lo aclara y lo vuelve más liso.

CHICLE

El chicle es la goma de mascar que se obtiene de la savia de un árbol llamado zapote *(Manilkara zapota)*, que es originario de las zonas tropicales de América. Cuando se corta la corteza del zapote, produce un líquido lechoso que forma una capa protectora. Esta substancia, conocida como la savia de chicle, ha sido usada por cientos de años por los pueblos mesoamericanos como goma de mascar.

Los primeros chicles

En 1857, Antonio López de Santa Anna, un presidente mexicano que se exilió en Estados Unidos, hizo llevar un cargamento de chicle natural con el propósito de desarrollar una alternativa al caucho. Junto con el americano Thomas Adams hicieron varios intentos fallidos para lograr convertir el chicle en caucho. Hasta que un día, Adams vio a una niña comprar una goma de mascar hecha de cera de parafina, y se acordó que los indígenas de México mascaban goma de chicle. Esto le dio la idea de comercializar el chicle como goma de mascar. Así, en 1859, hizo la primera goma de mascar de chicle, sin sabor. Luego se les agregó azúcar y saborizantes como menta y frutilla. Durante muchos años la industria de las gomas de mascar estuvo basada en el chicle natural, pero en la actualidad se utilizan productos sintéticos para su fabricación.

Globos con chicle

Tiempo de preparación: 3 minutos

Ingredientes:
1 chicle.

Preparación:

1. *Mascar el chicle hasta que esté blando.*

2. *Aplanar el chicle detrás de tus dientes con la lengua. Luego empujar entre los dientes soplando hasta que se infle.*

Buenos modales

Así como los profesores no dejan a sus alumnos mascar chicle en clases, también los aztecas tenían sus normas. Solo algunos podían mascar chicle en público: las mujeres solteras y los niños. Las mujeres casadas, las mayores y los hombres debían hacerlo en privado.

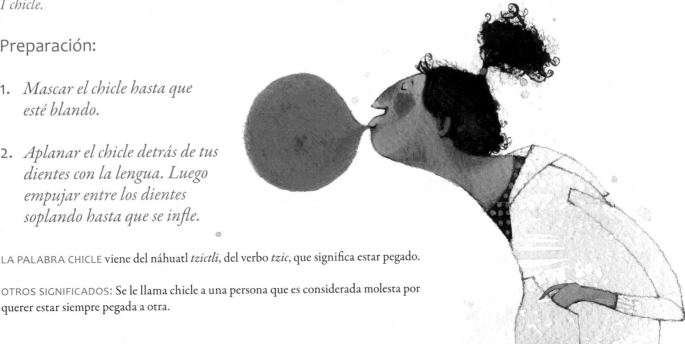

LA PALABRA CHICLE viene del náhuatl *tzictli*, del verbo *tzic*, que significa estar pegado.

OTROS SIGNIFICADOS: Se le llama chicle a una persona que es considerada molesta por querer estar siempre pegada a otra.

GLOSARIO

Aztecas:

Entre los años 1200 y 1520 d.C., en la meseta central de México, los aztecas formaron el imperio más grande de Mesoamérica. Durante su apogeo, Tenochtitlán fue la ciudad más grande del mundo. En el año 1521 los conquistadores españoles saquearon y quemaron la gran ciudad y destruyeron el imperio. Los aztecas hablaban la lengua náhuatl.

Olmecas:

La cultura olmeca se desarrolló entre los años 1200 y 200 a.C. en las tierras bajas de Mesoamérica, junto al golfo de México. Los olmecas construyeron grandes templos y pirámides y fueron autores de enormes esculturas de piedra conocidas como "cabezas colosales".

Mayas:

La cultura maya se desarrolló en el sur de Mesoamérica entre los años 300 y 900 d.C. Los mayas tuvieron grandes conocimientos matemáticos, astronómicos y astrológicos, perfeccionaron el sistema de escritura jeroglífica y crearon un calendario muy complejo.

Mesoamérica:

Es un área geográfica que corresponde a los actuales centro y sur de México, la península de Yucatán, Guatemala, Belice, El Salvador, parte de Honduras, Nicaragua y el norte de Costa Rica.

Taíno:

Esta cultura se desarrolló en el Caribe, principalmente en Cuba y en la isla de Santo Domingo. Taíno era el nombre de la lengua que hablaban. El origen de esta cultura se encuentra en grupos provenientes de Venezuela y Guatemala. En 1492 fueron los primeros americanos en entrar en contacto con los españoles.

Moches:

La cultura moche se desarrolló durante los primeros 700 años de la era cristiana en la costa norte de Perú. Los moches construyeron grandes pirámides para sus ceremonias, vivieron en aldeas y desarrollaron la cerámica y la metalurgia. Se destacaron por representar en su arte cerámico escenas de costumbres y creencias religiosas.

Guaraní:

Pueblo que vivía al este de la cordillera de Los Andes, desde el mar Caribe hasta el río de La Plata. Su lengua era el guaraní.

Antillas:

Las Antillas es una región insular de América. Conforman un archipiélago constituido por los siguientes países: Cuba, República Dominicana, Puerto Rico, Jamaica, Haití, Trinidad y Tobago, entre otros.

Inkas:

Los inkas iniciaron su desarrollo hacia el 1200 d.C. y alcanzaron su apogeo en 1470 con su centro en el Cuzco. Formaron un imperio que comprendió un territorio que se extendía desde el norte de Ecuador hasta el centro de Chile, incluyendo a Perú, Bolivia y parte de Argentina. El imperio llegó a su fin el año 1532 cuando fue invadido por los españoles. Quechua es el idioma que hablaban los inkas y que utilizaban los diferentes pueblos de Los Andes para comunicarse entre sí.

SABORES DE AMÉRICA
Colección Ñandú

© de las ilustraciones: Isabel Hojas, 2009
© del texto: Ana María Pavez y Constanza Recart, 2009
© de esta edición: Editorial Amanuta Limitada, 2015
Santiago, Chile
www.amanuta.cl

Diseño: Philippe Petitpas
Edición de texto: Nibaldo Mosciatti
Cuarta edición: junio 2015
N° Registro: 184.202
ISBN: 978-956-9330-18-6
Impreso en China

Editorial Amanuta
Todos los derechos reservados

Obra financiada por el Fondo de Fomento del Libro y la Lectura

Fuentes del libro

- Cobo, Bernabé. 1890-1893. *Historia del Nuevo Mundo*. Sociedad de Biliófilos Andaluces. Sevilla.
- Coe, Sophie D. y Coe, Michael D. 1996. *The True History of Chocolate*. Thames and Hudson Ltda. Londres.
- Coe, Sophie D. 2004. *Las primeras cocinas de América*. Fondo de Cultura Económica. México.
- Darrow, G.M. 1966. *The Strawberry: History, Breeding and Physiology*. New York: Holt, Rinehart and Winston.
- González, C., Rosati, H. y Sánchez, F. 2002. *Guaman Poma, testigo del mundo andino*. Ed. LOM., Santiago, Chile.
- Long-Solis, Janet. 1986. *Capsicum y cultura. La historia del Chili*. Fondo de Cultura Económica. México.
- Mathews, Jennifer P. y Scultz, Gillian P. 2009. *Chicle, the chewing of the Americas*. The University of Arizona Press. Tucson.
- Sanfuentes, Olaya. 2006. *Descubrimiento del nuevo jardín de las delicias: Europa y su percepción del Nuevo Mundo a través de las especies comestibles y los espacios americanos en el siglo XVI*. Revista Historia N° 39. Chile.
- Sitio web del Museo Chileno de Arte Precolombino http://www.museoprecolombino.cl, octubre 2009.
- Sitio web de la Real Academia Española http://www.rae.es, octubre 2009.

Pavez, Ana María
Sabores de América / Ana María Pavez y Constanza Recart ;
ilustraciones de Isabel Hojas.- 4°ed Santiago : Amanuta, 2015.
[32 p.] : il.col. 21,5 x 28 cm. (colección Ñandú).
ISBN: 978-956-9330-18-6
1.- CUENTOS INFANTILES CHILENOS 2.- RECETARIOS
I.- Recart, Constanza II.- Hojas, Isabel, il.